Rarissime
Pleurargie ne se die
que d'après Brunet
6000 —

Epigrammes de

CLEMENT MAROT, faictz à l'imitation de MARTIAL.

Plus,
Quelques aultres Oeuures dudict MAROT, non encores Imprimees par cy deuant.

M. D. XLVII.

Auec Priuilege du Roy, pour cinq ans.

On les vend a Poictiers, a l'enseigne
du Pelican.

P A R Priuilege du Roy, eſt permis a Iean
& Enguilbert de Marnef freres, demourans
a Poictiers, d'imprimer & uendre le preſent
Liure, intitulé Les Epigrammes de Cl. Marot,
faictz a l'imitation de Martial. Auec deffen-
ſes a tous autres Libraires & Imprimeurs de
non en imprimer, uendre, ne diſtribuer autres que ceulx imprimez par leſdictz de Marnef, durant le temps de cinq ans, a compter du
iour qu'ilz ſeront paracheuez d'imprimer :
ſur les peines contenues par ledict Priuilege,
donné a Compiegne, le xiii. iour de Nouem-
bre, l'an de grace Mil cinq cens quarante cinq.
Et deſſoubz eſt eſcript : Par le Roy, l'Eueſque
de Maſcon preſent . ſigné, De Laubeſpine.
& ſeelé de cyre iaulne ſur ſimple queue.

Epigrammes de

CLEMENT MAROT, faictz a l'imitation de MARTIAL.

AD CAESAREM. Do. li.8.53

Magna licet toties tribuas, maiora daturus
Dona, ducum uictor, uictor & ipse tui :
Diligeris populo, nó propter præmia, Cæsar.
Propter te populus præmia, Cæsar, amat.

AV ROY.

Quoy que souuent tu faces d'vn franc cœur
Dons bien sentans ta Royaulté supresme,
D'en faire encor' bien t'attens, ù vainqueur
Des cœurs de tous, & vainqueur de toy-mesme!
Chascun, pour vray, te porte amour extresme,
Non pour tes dons aduenir ou presens :
Mais au rebours, ROY l'honneur d'Angoulesme,
Pour ton amour on ayme tes presens.

AD LVCIVM IVLIVM. li. 1. 152.

Sæpe mihi dicis, Luci charißime Iuli,
  Scribe aliquid magnũ : desidiosus homo es.
Ocia da nobis : sed qualia fecerat olim
  Mœcenas Flacco, Virgilióque suo.
Condere uicturas tentem per sæcula curas ?
  Et nomen flammis eripuiße meum ?
In steriles campos nolunt iuga ferre iuuenci :
  Pingue solum laßat, sed iuuat ipse labor.

A Monsieur Castellanus Euesque de Tulles.

Tu dis Prelat, Marot est pareßeux,
De luy ne puis quelque grand œuure veoir.
Fay tant qu'il ayt biens semblables à ceulx
Que Mecenas à Maro feit auoir,
Ou moins encor : lors fera son deuoir
D'escripre vers en grant nombre & hault style.
Le laboureur sur la terre infertile
Ne picque bœuf, ne charrue ne meine.
Bien est il vray que champ gras & vtile
Donne trauail, mais plaisante est la peine.

Issa est passere nequior Catulli.
Issa est purior osculo columbæ.
Issa est blandior omnibus puellis.
Issa est charior Indicis lapillis.
Issa est deliciæ catella Publi.
Hanc tu, si queritur, loqui putabis:
Sentit tristitiámque, gaudiúmque.
Collo nexa cubat, capítque somnos:
Vt suspiria nulla sentiantur.
Et desiderio coacta uentris,
Gutta pallia non fefellit ulla:
Sed blando pede suscitat, toróque
Deponi monet, & rogat lauari:
Castæ tantus inest pudor Catellæ.
Ignorat Venerem: nec inuenimus
Dignum tam tenera uirum puella.
Hanc ne lux rapiat suprema totam,
Pictam Publius exprimit tabella:
In qua tam similem uidebis Issam,

Vt sit tam similis sibi nec îpsa.
Islam denique pone cum tabella,
Aut utranque putabis esse ueram,
Aut utranque putabis esse pictam.

De la Chienne de la Royne ELIENOR.

Mignonne est trop plus affectée,
Plus fretillant, moins arrestée
Que le passeron de Maupas.
Cinquante pucelles n'ont pas
La mignardie si friande.
Mignonne nasquit aussi grande
Quasi comme vous la voyez.
Mignonne vault (& m'en croyez)
Vng petit tresor : aussi est ce
Le passetemps & la lyesse
De la Royne, à qui si fort plaist
Que de sa belle main la paist.
Mignonne est sa petite chienne :
Et la Royne est la dame sienne.
Qui l'orroit plaindre aucunesfois,
On gaigeroit que c'est la voix
De quelque dolente personne.
Et à bien c'est esprit Mignonne,

De sentir plaisir & esmoy
Aussi bien comme vous & moy.
La Royne, en sa couche paree,
Luy à sa place preparee.
Et dort la petite follastre,
Dessus la gorge d'alebastre
De sa dame, si doucement
Qu'on ne l'oyt souffler nullement.
Et si pisser veult d'auenture,
Ne gaste draps ny couuerture:
Mais sa maistresse gratte, gratte,
Auecques sa flateuse patte:
L'aduertissant qu'on la descende:
Qu'on l'essuye, & puys qu'on la rende
En sa place, tant est honneste
Et nette la petite beste.
Le ieu d'Amours n'a esprouué:
Car encores n'auons trouué
Vng mary digne de se prendre
A vne pucelle si tendre.
Or afin que du tout ne meure,
Quand de mourir viendra son heure,
Sa maistresse en vng beau tableau
La faict paindre à Fontaynebleau,
Plus semblable à elle ce semble
Qu'elle mesme ne se resemble.

Et qui *Mignonne approchera*
De sa paincture, il pensera
Que toutes deux viuent sans faincte :
Ou bien que l'vne & l'autre est painéte.

AD SEIPSVM. li. 10. 47.

Vitam quæ faciunt beatiorem
Iucundissime MARTIALIS, hæc sunt :
Res non parta labore, sed relicta :
Non ingratus ager, focus perennis,
Lis nunquam, toga rara, mens quieta,
Vires ingenuæ, salubre corpus,
Prudens simplicitas, pares amici,
Conuictus facilis, sine arte mensa :
Nox non ebria, sed soluta curis :
Non tristis torus, attamen pudicus :
Somnus, qui faciat breues tenebras :
Quod sis, esse uelis, nihilque malis :
Summum nec metuas diem, nec optes.

De soy-mesmes.

MAROT voicy (ſi tu le veulx ſçauoir)
Qui fait a l'homme heureuſe vie auoir :
Succeſsions, non biens acquis a peine,
Feu en tont temps, maiſon plaiſante, & ſaine,
Iamais proces, les membres bien diſpos,
Et au dedans vng eſprit a repos,
Contraire a nul, n'auoir aucuns contraires,
Peu ſe mesler des publiques affaires,
Sage ſimpleſſe, amys à ſoy pareilz,
Table ordinaire, & ſans grans appareilz,
Facilement auec toutes gens viure,
Nuict ſans nul ſoing, n'eſtre pas pourtant yure,
Femme ioyeuſe, & chaſte neantmoins,
Dormir qui fait que la nuict dure moins,
Plus hault qu'on n'eſt ne vouloir point attaindre,
Ne deſirer la Mort, ny ne la craindre.
Voyla MAROT, ſi tu le veulx ſçauoir,
Qui faict a l'homme heureuſe vie auoir.

DE SVA PVELLA. li. 7. 13.

Accidit infandum noſtræ ſcelus, Aule, puellæ,
Amiſit luſus, deliciáſque ſuas :
Non quales teneri plorauit amica Catulli
Lesbia, nequitiis paſſeris orba ſui.

Vel Stellæ cantata meo, quam fleuit, Hiantis,
    Cuius in Elyſio nigra columba uolat.
Lux mea nó capitur nugis, nec amoribus iſtis,
    Nec dominæ pectus talia damna mouent.
Biſdenos puerum numerantẽ perdidit annos,
    Mentula cui nondum ſeſquipedalis erat.

❧ De la tristeſſe de ſ'Amye.

C'eſt grant pitié de m'Amye qui a
Perdu ſes ieux, ſon paſſetemps, ſa feſte.
Non vng Moyneau, ainſi que Lesbia :
Ne vng petit Chien, Belette ou autre beſte :
A ieux ſi ſotz mon tendron ne ſ'arreſte :
Ces pertes là ne luy ſont malfaiſans.
Vrays amoureux ſoyez en deſplaiſans,
Elle a perdu, helas depuis Septembre,
Vng ieune Amy, beau, de vingt-deux ans,
N'ayant encor' pied & demy de membre.

❧ AD FABVLLAM AMBI-TIOSAM IN LAVDE. li. 1. 32

Bella es, nouimus, & puella, uerum eſt :

Et diues, quis enim poteſt negare?
Sed dum te nimium, Fabulla, laudas,
Nec diues, neque bella, nec puella es.

D'une qui ſe vante.

Vous eſtes belle, en bonne foy,
Ceulx qui dient que non, ſont beſtes.
Vous eſtes riche, ie le voy,
Qu'eſt il beſoing d'en faire enqueſtes?
Vous eſtes bien des plus honneſtes:
Et qui le nye eſt bien rebelle.
Mais quant vous vous louez, vous n'eſtes
Honneſte, ne riche, ne belle.

AD AEMILIANVM. lib. 5. 12.

Semper eris pauper, ſi pauper es, AEmiliane.
Dantur opes nullis nunc, niſi diuitibus.

A Anthoine.

Si tu es paoure, Anthoine, tu es bien
En grant dangier d'eſtre paoure ſans ceſſe:

Car auiourd'huy on ne donne plus rien,
Sinon a ceulx qui ont force richesse.

IN CANDIDVM. li. 5. 73.

Prædia solus habes, & solus, Candide, númos:
    Aurea solus habes, Myrrhina solus habes:
Massica solus habes, & opimi cæcuba solus :
    Et cor solus habes, solus & ingenium.
Omnia solus habes, hoc me puto uelle negare:
    Vxorem sed habes, Candide, cum populo.

De Iehan Iehan.

Tu as tout seul, Iehan Iehan, vignes & prez.
Tu as tout seul ton cœur & ta pecune.
Tu as tout seul deux logis dyaprez,
La ou viuant ne pretend chose aucune.
Tu as tout seul le fruict de ta fortune.
Tu as tout seul ton boire & ton repas.
Tu as tout seul toutes choses, fors vne :
C'est que tout seul ta femme tu n'as pas.

IN POSTHVMVM. li. 2. 67.

Occurris quocunque loco mihi, Posthume,
  clamas
Protinus,& prima est hæc tua uox,Quid agis?
Hoc, si me decies una conueneris hora,
  Dicis:habes puto tu, Posthume, nil quod a-
gas.

❧ A Hilaire.

Des que tu viens là ou ie suis
(Hilaire) C'est ta façon folle
De me dire tousiours, Et puis
Que fais tu? voyla tout ton roolle.
Cent fois le iour ceste parolle
Tu me ditz, i'en suis tout batu.
Qu'en tout sera bien debatu,
Ie cuyde, par mon ame, Hilaire,
Qu'auecque ton beau Que fais tu,
Tu n'as rien toy-mesme que faire.

❧ IN CALLISTRATVM. li.5. 13.

Sum (fateor) sempérq; fui, Callistrate, pauper:
  Sed non obscurus, nec malè notus æques.
Sed toto legor orbe frequés:& dicitur, Hic est,
  Quódque cinis paucis, hoc mihi uita dedit.

At tua centenis incumbunt tecta columnis,
  Et libertinas arca flagellat opes :
Magnáque Niliacæ fæuit tibi gleba Syenes,
  Tódet & innumeros Gallica Parma greges.
Hoc ego, túque fumus, sed quod sum, non
  potes esse.
  Tu quod es, è populo quilibet esse potest.

❧ Dizain.

Riche ne suis, certes ie le confesse :
Bien né pourtant, & nourry noblement :
Mais ie suis leu du peuple & gentillesse
Par tout le monde. Et dit on, c'est Clement.
Maintz viuront peu, moy eternellement.
Et toy tu as prez, fontaines, & puyz,
Boys, champs, chasteaux, rentes, & gros appuyz,
C'est de nous deux la difference & l'estre.
Mais tu ne peux estre ce que ie suis :
Ce que tu es, vng chascun le peut estre.

❧ IN LESBIAM.   li. 6.   23.

Stare iubes nostrũ semper tibi, Lesbia, penem.
  Crede mihi, non est mentula, quod digitus.

Tu licet & manibus blandis, & uocibus inftes,
  Contra te facies iimperiofa tua eft.

❧   *A vne Layde.*

Tousiours vouldriez que ie l'euffe tout droit,
Ma layderon : & vous femble, ie gage,
Que i'en puis faire ainfi comme du doigt.
Vous auez beau le flatter de langage,
Voyre des mains : ce diable de vifage
Defgoufte tout, & à vous mefme nuyt.
Parquoy deuriez (fi vous eftiez bien fage)
Ne me cercher feulement que de nuyt.

❧ AD SABIDIVM. lib. 1. 89.

Non amo te, Sabidi: nec poffum dicere, quare.
  Hoc tantùm poffum dicere, non amo te.

Iehan, ie ne t'ayme point, beau fyre:
Et ne fcay quel' moufche me poinct:
Ne pourquoy c'eft, ie ne puys dire,
Sinon que ie ne t'ayme point.

AD FLACCVM. li. 1. 66.

Litigat, & podagra Diodorus, Flacce, laborat.
  Sed nil patrono porrigit, hæc chiragra eſt.

D'ung Abbé.

L'abbé à vng proces à Romme,
Et la goutte aux piedz, le pauure homme,
Mais l'Aduocat s'eſt plaint à maints,
Que rien au poing il ne luy boute :
Cela n'eſt pas aux piedz la goutte,
C'eſt bien plus toſt la goutte aux mains.

AD NAEVOLVM CAVSI-DICVM. lib. 1. 65.

Cùm clamant omnes, loqueris tu, Næuole,
  ſemper :
  Et te patronum, cauſidicúmque putas.
Hac ratione poteſt nemo non eſſe diſertus.
  Ecce tacent omnes : Næuole, dic aliquid.

Tu veulx que bruyt d'Aduocat on te donne,
Et de ſauant, mais iamais au Parquet
Tu ne diz mot, ſinon quand le caquet
Des grans criars les eſcoutans eſtonne.
  A faire ainſi, ie ne ſache perſonne
Qui ne puiſſe eſtre homme docte à le veoir.
Or maintenant, qu'un ſeul mot on ne ſonne,
Dy quelque choſe, oyons ce beau ſauoir.

Aultrement.

  Quand d'ung chaſcun la voix bruyt & reſonne
En plein parquet, onc homme ne parla
Plus toſt que toy, & ſi ſemble parla,
Que le renom d'Aduocat on te donne.
  A faire ainſi, &c.

❧ DE GELLIA. li. 1. 90.

Amiſſum nó flet, cùm ſola eſt Gellia, patrem
  Si quis adeſt, iuſſæ proſiliunt lachrymæ.
Non luget, quiſquis laudari, Gellia, quærit.
  Ille dolet uerè, qui ſine teſte dolet.

b

Iamais Alix son feu mary ne pleure
Tout aparsoy, tant est de bonne sorte.
Et deuant gens, il semble que sur l'heure
De ses deux yeulx vne fontaine sorte.
De faire ainsi (Alix) si te deporte,
Ce n'est point dueil, quand louenge on en veult:
Mais le vray dueil, sçayz tu bien qui le porte,
C'est cestuy la qui sans tesmoings se deult.

AD CINNAM. li. 5. 58.

Cùm uoco te dominum : nolo tibi, Cinna,
placere.
Sæpe etiam seruum sic resaluto meum.

Quand Monsieur ie te dy, Roullet,
Le te dy ie, paouure follet,
Pour te plaire, ou pour ta valuë?
Ie t'aduise que mon valet,
Bien souuent ainsi ie saluë.

AD GELLIAM. li. 5. 30.

Si quando leporem mittis mihi, Gellia, dicis:
  Formosus septem, Marce, diebus eris.
Si non derides : si uerum, lux mea, narras:
  Edisti nunquam, Gellia, tu leporem.

A Ysabeau.

Ysabeau, Lundy m'enuoyastes
Vng Lieure, & vng propos nouueau :
Car d'en menger vous me priastes,
En me voulant mettre au cerueau,
Que par sept iours ie seroys beau.
Resuez vous: auez vous la fiebure?
Si cela est vray, Ysabeau,
Vous ne mengeastes iamais Lieure.

AD LICORIM. li. 6.   40.

Fœmina præferri potuit tibi nulla, Lycori:
  Præferri Glyceræ fœmina nulla potest.
Hæc erit hoc, quod tu : tu non potes esse,
  quod hæc est.
  Tempora quid faciunt? hanc uolo, te uolui.

                          b ij

Iadis Cathin tu estoys l'outrepasse:
Iane a present toutes les aultres passe.
Et pour donner l'arrest d'entre vous deux,
Elle sera ce dequoy tu te deulx:
Tu ne seras iamais de sa valuë.
Que faict le temps? Il faict que ie la veulx,
Et que ie t'ay aultresfoys bien voulüe.

AD AELIAM. li. 1. 76.

Si memini, fuerant tibi quattuor, Aelia, dêtes.
    Expuit una duos tussis, & una duos.
Iam secura potes totis tussire diebus.
    Nil istic quod agat, tertia tussis habet.

D'une vieille.

S'il m'en souuient vieille au regard hydeux,
De quarte dens ie vous ay veu mascher:
Mais vne toux dehors vous en mist deux,
Vne aultre toux deux vous en feist cracher.
Or pouez bien toussir sans vous fascher,
Car ces deux toux y ont mis si bon ordre,
Que si la tierce y veulx rien arracher,

Non plus que vous n'y trouuera que mordre.

DE PHILONE. li. 5. 48.

Nunquam se cœnaffe domi Philo iurat. &
  hoceft :
Non cœnat, quando nemo uocauit eum.

De Macé Longis.

    Ce prodigue Macé Longis,
Faict grant serment qu'en son logis
Il ne souppa iour de sa vie.
Si vous n'entendez bien ce poinct,
C'est à dire il ne souppe point,
Si quelque aultre ne le conuie.
    Autrement.
C'est à dire, sans me coupper,
Qu'il se va coucher sans soupper
Quand personne ne le conuie.

DE LESBIA. li. 11. 63.

Lesbia se iurat, nunquam gratis effe fututam.

Verum eſt, cùm futui uult, numerare ſolet.

Macée me veult faire acroyre,
Que requiſe eſt de mainte gent:
Plus enuieilliſt, plus à de gloire,
Et iure comme vng vieil ſergent,
Qu'on n'embraſſe point ſon corps gent
Pour neant. Et dict vray Macée:
Car touſiours elle baille argent,
Quand elle veult eſtre embraſſée.

DE PAVLA. li. 10. 8.

Nubere Paula cupit nobis, ego ducere Paulam
Nolo: anus eſt. mallem, ſi magis eſſet anus.

De Pauline.

Pauline eſt riche, & me veult bien
Pour mary: Ie n'en feray rien,
Car tant vieille eſt que i'en ay honte.
S'elle eſtoit plus vieille d'ung tiers,
Ie la prendroys plus voluntiers:
Car la depeſche en ſeroit plus prompte.

DE LINO. li. i. 43.

Dimidiũ donare Lino, quàm credere totum,
  Qui mauult : mauult perdere dimidium.

D'ung mauuais rendeur.

Cil qui mieux ayme par pitié,
Te faire don de la moictié,
Que prester le tout rondement,
Il n'est point tropt mal gracieux.
Mais c'est signe qu'il ayme mieux
Perdre la moictié seulement.

IN PRISCVM. li. i. 157.

Cùm te non nossem, dominum, regémque
  uocabam.
  Cùm bene te noui, iam mihi priscus eris.

A Benest.

Benest, quand ne te congnoissoye,
Vng grand Monsieur ie te pensoye :

Mais quand i'ay veu ce qui en est,
Ie trouue que tu es Beneſt.

❧ DE FORMICA ELECTRO INCLVSA. li. 6. 15.

Dú Phaëthontæa formica uagatur in umbra,
  Implicuit tenuem ſuccina gutta feram.
Sic, modò quæ fuerat uita contépta manente,
  Funeribus facta eſt nunc precioſa ſuis.

Deſſoubz l'Arbre ou l'Ambre degoute,
La petite Formis alla:
Sur elle eutumba vne goutte,
Qui tout à coup ſe congela:
Dont la Formis demoura là
Au milieu de l'Ambre enfermée.
Ainſi la beſte depriſée,
Et peu priſée quand viuoit,
Eſt à ſa mort fort eſtimée,
Quand ſi beau ſepulchre on luy voit.

❧ IN SVTOREM. li. 2. 75.

Dentibus antiquas solitus producere pelles,
   Et mordere luto putre, uetúsque solum :
Præneſtina tenes defuncti rura patroni,
   In quibus indignor ſi tibi cella fuit :
Rumpis & ardenti madidus cryſtalla falerno,
   Et pruris domini cum Ganymede tui.
At me litterulas ſtulti docuere parentes.
   Quid cum Grámaticis, Rhetoribúſq; mihi ?
Fráge leues calamos, & ſcinde Thalia libellos :
   Si dare ſutori calceus iſta poteſt.

❧ Du Sauetier.

Toy qui tirois aux dentz vieilles ſauattes,
De ton feu maiſtre, or poſſedes & tiens
Rentes, maiſons, & meubles, iuſques aux nattes,
A ſon treſpas, il les ordonna tiens.
Auec ſa fille, en repoz t'entretiens.
Et mes parents, pour me faire Eſcolier,
M'ont faict tirer bien vingt ans au collier.
Qu'en ay-ie mieulx ? Romps la plume & le liure
Calliopé, puis que le vieux ſoullier
Donne ſi bien au Sauetier a viure.

❧ IN CINNAM. li. 3. 9.

Versiculos in me narratur scribere Cinna.
Non scribit, cuius carmina nemo legit.

A Merlin de sainct Gelais.

Ta lettre, Merlin, me propose
Qu'vn gros sot en rithme compose
Des vers, par lesquelz il me poinct.
Tien toy seur qu'en rithme n'en prose
Celuy n'escrit aucune chose,
Duquel l'ouurage on ne lyt point.

D'vn mauuais Poëte.

Sans fin (paoure sot) tu t'amuses
A vouloir complaire aux neuf Muses:
Mais tu es si lourd, & si neuf
Que tu en faches plus de neuf.

De la conualescence du Roy. 1537.

Oy des François, FRANCOYS premier du nom,
Dont les vertus passent le grant renom,
Et qui en FRANCE, en leur entier ramaines
Tous les beaux artz, & sciences Romaines.

O de quel grant benefice eſtendu,
De Dieu ſur nous, à nous il t'a rendu!
Qui pour acces de Fieure longue & groſſe,
Auois deſia le pied dedans la foſſe!
Ia te ploroit FRANCE de cœur & d'œil:
Ia pour certain, elle portoit le dueil.
Mais mort qui feit de toy, ſi grans aproches
Iamais ne ſceut endurer noz reproches.
Et t'a rendu par grant deſpit a nous,
Dont deuant Dieu nous ployons les genoulx.
Ainſi tu ſcez combien par faulx alarmes,
La mort a faict, pour toy, iecter des larmes.
Et ſi te peux venter en verité
De ſucceder a ta poſterité.
Et d'eſtre Roy, apres ton ſucceſſeur,
Car ia pour Roy le tenons pour tout ſeur.

Vy donc FRANCOYS, ainſi que d'vne vie,
D'entre les mains des trois Parques rauie.
Prens les plaiſirs & biens qui ſ'en volloient,
Et qui de toy deſrober ſe voulloient.
Que Dieu te doint venir tout bellement
Au dernier point naturel : tellement
Que de la vie en ce point retournee,
Ne puiſſe perdre vne ſeule iournee.

Autres Oeuures

COMPOSEES PAR LE-DICT MAROT.

❧ *Auantnaissance du troisiesme Enfant de madame, Madame la Duchesse de Ferrare.*

PETIT Enfant, quelque sois fille ou filz,
Parfais le temps de tes neuf moys prefix
Heureusement: puis sors du Royal ventre,
Et de ce Monde en la grant lumiere entre.
Entre sans cry, vien sans pleur en lumiere.
Vien sans donner destresse coustumiere
A la Mere humble, en qui Dieu t'a faict naistre.
Puis d'vn doux ris commance a la cognoistre.
Apres que fait luy auras cognoissance
Prens peu a peu nourriture & croissance:
Tant qu'a demy commances a parler,
Et tout seulet, en trepignant aller
Sur les carreaux de ta maison prospere,
Au passe-temps de ta Mere & ton Pere:
Qui de t'y veoir vng de ces iours pretendent
Auec ton Frere, & ta Sœur qui t'attendent.

Vien hardiment, car quant grandet seras,
Et qu'a entendre vng peu commanceras,
Tu trouueras vng Siecle pour apprendre,
En peu de temps, ce qu'enfant peut comprendre.

Vien hardiment, car ayant plus grant aage,
Tu trouueras encores d'auantage.
Tu trouueras la guerre commancee
Contre Ignorance, & sa trouppe insensee.
Et au rebours, Vertu mise en auant,
Qui te rendra personnage sçauant
En tous beaux artz, tant soyent ilz difficiles,
Tant par moyens, que par lettres faciles.
Puis ie suis seur, & on le cognoistra,
Qu'a ta naissance auecques toy naistra
Esprit docile, & cœur sans tache amere,
Si tu tiens rien du costé de la Mere.

Vien hardiment, & ne crains que Saturne,
En biens mondains te puisse estre importune:
Car tu naistras, non ainsi paoure & mince,
Comme moy (las) mais Enfant d'vn grant Prince.

Vien sain & sauf, tu peux estre asseuré,
Qu'a ta naissance il n'y aura pleuré,
A la façon des Thraces lamentans

Leurs nouueaux nez, & en grant deuil chantans
L'ennuy, le mal, & la peine asseruie,
Qui leur failloit souffrir en ceste vie.
Mais tu auras (que Dieu ce bien te face)
Le vray moyen qui tout ennuy efface,
Et faict qu'au monde angoisse on ne craint point,
Ne la Mort mesme, alors qu'elle nous poingt.
  Ce vray moyen plain de ioye feconde,
C'est ferme espoir de la vie seconde,
Par IESVCHRIST vainqueur & triumphant
De ceste Mort. Vien donc petit Enfant:
Vien voir de terre, & de mer le grant tour,
Auec le Ciel qui se courbe a l'entour.
Vien veoir, vien veoir mainte belle ornature
Que chascun d'eulx a receu de nature.
Vien veoir ce monde, & les Peuples & Princes,
Regnant sur luy, en diuerses Prouinces :
Entre lesquelz est le plus apparent
Le Roy FRANCOYS, qui te sera parent :
Soubz, & par qui ont esté esclerciz
Tous les beaux artz par auant obscurciz.

  O Siecle d'or, le plus fin que lon treuue,
Dont la bonté soubz vng tel Roy s'espreuue !
  O iours heureux, a ceulx qui les cognoissent,
Et plus heureux ceulx qui auiourd'huy naissent !

Ie te dirois encor' cent mille choses
Qui sont en terre, autour du ciel encloses,
Belles a l'œil, & doulces a penser:
Mais i'aurois peur de ta Mere offenser:
Et que de veoir, & d'y penser tu prinses
Si grant desir qu'auant le terme vinses.
Parquoy (enfant) quelque sois fille ou filz
Parfaictz le temps de tes neuf mois prefix
Heureusement: puis sors du Royal ventre,
Et de ce monde en la grant lumiere entre.

Epistre perduë au Ieu, contre Madame de Pons.

DAme de Pons, Nymphe de Parthenay
Pardonne moy si ceste Carte n'ay
Painctte de fleurs, a Minerue duysantes,
Et pour ton sens contanter suffisantes:
Ma muse est bien pour satisfaire habile
Aucuns espritz: mais trop se sent debile
Pour toy qui as lettres, & bon sçauoir
Autant ou plus que Femme puisse auoir:
Auecques œil pour veoir subit les faultes,
Et discerner choses basses des haultes.

Bien est il vray que ton cœur scait vser
D'vne bonté de faultes excuser,
Et de donner aux œuures bien dictees
En temps & lieu louanges meritees.
Mais ie sens bien que l'heure est aduenuë
Qu'en cest escript, de promesse tenuë,
Plus de besoing de ton excuse auray
Que de bon loz meriter ne scauray.
Et me suis veu (il n'en fault point mentir)
D'auoir promis prest a me repentir :
Car des qu'en main la plume ie vins mettre
A peine sceu forger le premier metre.
Et commançay a dire & a penser :
Presumptueux, que veux tu commancer ?
Fault il qu'a honte acquerir tu t'amuses
D'escrire ainsi a l'vne des neuf Muses ?

Ce neantmoins pour promesse tenir
Ne me suis sceu d'escrire contenir.
Mais t'escriuant (ò noble Esprit bien né)
Trouué me suis tout ainsi estonné
Qu'vn villageois, simple, & pusillanime
Qui parle en crainte a vng Roy magnanime.
D'autre costé, pour mon epistre orner,
Ie ne scauois quel propos enfourner.
De te parler de science Latine

D'en deuiser pres de toy ne suis digne.
Te deuiser des amoureux soulas,
C'est temps perdu, tu ayme trop Pallas.
Chanter la guerre & des armes la mode,
A ton mary la chose est plus commode.
De tes vertuz, bien blasonner & paindre,
Taire vault mieux que n'y pouoir attaindre.
Parquoy à droit, deuant toy ie m'accuse
Que cecy n'est Epistre, mais excuse.
Cecy (pour vray) n'a merité le tiltre
D'Enuoy, de Lay, d'Elegie n'Epistre.
Mais sil te plaist, nonobstant sa basseur,
Le receuoir en gré soubz la doulceur
Qui est en toy par nayue coustume,
I'estymeray auoir faict vng volume.

Reçoy le donc en gré, ie te supplye.
Et l'ayant leu ne le pers, mais le plye
Pour le garder, aumoins quand ce viendra
Que seray mort, de moy te souuiendra.
Et si d'icy à grant temps & long eage
Du tien Clement se tient aucun langage,
La ou seras par maniere de rire,
Aux assistans pourras compter & dire
(Qui ne sera pour moy vng petit heur)
Comment iadis fuz bien ton seruiteur :

Et pour tesmoing de ce que leur diras,
Ce mien escript, sur l'heure produiras,
En leur disant. Quand Marot m'escriuoit,
Ces vers icy, à Ferrare il viuoit,
Là ou i'estoys. Et lors à grande oultrance
Le paouure gars estoit banny de France,
Par le pourchaz d'aulcuns ayans enuye,
Dequoy Vertu perpetuoit sa vie.
Dont il trouuoit sa perte & son soucy
Moins enuyeux. Leur compteras aussi,
Comment durant ceste mienne destresse
Tous deux seruions vne mesme maistresse,
Fille de France, & duchesse Renée,
Au gré de qui semble que tu soys née.

Mille autres cas, mille autres vous propos,
Quand seras vieille, & chez toy à repos,
Dire pourras de moy à l'aduenir
Sil t'en souuient. Et pour t'en souuenir,
De bon cœur laisse à la tienne excellence
Ceste escripture, ou i'impose silence.

   Epistre à Madame de Soubize,
partant de Ferrare, pour s'en
venir en France.

LE clair Soleil *sus* les champs puisse luire,
Dame prudente, & te veille conduire
Iusques au pied de ta noble maison.
Il est certain que plus tost oraison
Pour ta demeure à Dieu ie vouldroys faire:
Mais puis que luy, & le temps, & l'affaire,
Veullent tous troys que ta bonte desplace,
Montz & Torrens te puissent faire place.
Dieu tout au long, de ton allée entiere,
Soit en ta voye, & dedans ta lictiere :
Voyre en ton cœur, à celle fin (Madame)
Que tout d'vn train te garde corps & ame.

'Or t'en va quand, & ou il te plaira,
Plus iras loing, plus nous en deplaira .
Et quand à moy, tu peulx estre asseurée,
Tant que i'auray en ce monde durée,
Que seray tien: non point seulement pource,
Que long temps à tu fus premiere source
De bon recueil à mon pere viuant,
Quand à la court du Roy fut arriuant,
Ou tu estoys adonc la mieux aymée
D'Anne, par tout Royne tant renommée.
Ne seulement pour autant que tu feiz
Mesme recueil dernierement au filz
En ce païs : tellement que ta grace

Semble estre encline à ma petite race.
Mais pour autant que d'instinct de nature,
Toy & les tiens aymez litterature.
Sauoir exquis, vertuz qui le ciel percent,
Ars liberaulx, & ceulx qui s'y exercent,
Cela (pour vray) faict que tresgrandement
Ie te reuere en mon entendement.
Or adieu donc, noble dame qui vses
D'honnesteté tousiours enuers les Muses.
Adieu par qui les Muses desolées
Souuentesfoys ont este consolées.
Adieu qui veoir ne les peult en souffrance.
Adieu la main qui de Flandres en France
Tira iadis Iean le Maire Belgeoys,
Qui l'ame auoit d'Homere le Gregeoys.
Retirez vous neige & temps plauieux,
De l'ennuyer ne soyez enuieux.
Vien le temps doulx, retire toy la Bize,
Ne fasche point madame de Soubize :
Assez elle à de fascheuse destresse,
D'abandonner sa dame & sa maistresse.
Assez d'ennuy elle à son depart.
Assez aussi elle nous en depart.
Mais puis quil plaist à Dieu qu'il soit ainsi
fault prendre en gré. sept ans à qu'es icy
Dame tresnoble, & trente, ou à peu pres

Que seruie as & mere & fille apres.
C'est bien raison que maintenant disposes
De ta maison, & que tu y reposes,
Auecques Dieu le surplus de ton eage:
Ce te sera quasi nouueau mesnage.
Apres tant d'ans: donc t'y transporteras,
Et apres toy honneur emporteras.
Auecques toy emporteras honneur
De tes trauaulx principal guerdonneur.
Et nous en brief saurons en ton absence
Dequoy seruoit pardeça ta presence.

Mommerie de quatre ieunes Damoyselles, faicte de madame de Rohan à Alençon.

La premiere portant des esles.

Prenez en gré, Princesse, les bon zelles,
De l'entreprinse au quatre damoyselles:
Dont ie me tien des plus petite l'une.
Mais toutesfoys entendez par ces esles,
Qu'a vng besoing pour vous, auecques elles
I'entreprendroys voller iusque à la Lune.

La premiere vestuë de blanc.

Pour resiouyr vostre innocent,
Auons prins habit d'innocence.
Vous pourriez dire quil ne sent
Rien encor de resiouyssance.
Mais (Madame) s'il a puissance
De sentir mal, quand mal auez:
Pourquoy n'aura il iouyssance
Des plaisirs que vous receuez?

❧ La seconde portant des esles.

Madame, ses esles icy
Ne monstrent faulte de soucy,
Ne trop de ieunesse friuolle.
Elles vous declarent pour moy
Que quand vous estes hors d'esmoy.
Ie voys, ie vien, mon cœur s'enuolle.

❧ La seconde vestuë de blanc.

L'habit est blanc, le cœur noir ne fut oncques.
Prenez en bien (noble Princesse) doncques
Ce passe temps de nostre inuention:
Car n'en deplaise à la melancholie,
Soy resiouyr n'est peché ny follye,
Sinon à gent de malle intention.

Pour la ieune.

Receuez en gré la bourſette,
Ouurée dé mainte couleur :
Voluntiers en don de fillette,
On ne regarde en la valeur.
I'auray grand plaiſir, auecq' heur,
S'il eſt prins de volunte bonne.
Car ie le donne de bon cœur,
Et le cœur meſme ie vous donne.

Pour l'aiſnée.

C'eſt vng don faict d'vn cœur pour vous tout né,
C'eſt de la main à vous toute adonnée :
Brief c'eſt vng don lequel vous eſt donné
De celle la que lon vous à donnée :
Voyre donné d'Amour bien ordonnée :
Parquoy mieux prins ſera comme in penſe.
Si le don plaiſt, me voyla guerdonnée :
Amour ne veult meilleure recompenſe.

D'Yſabeau.

Yſabeau ceſte fine mouſche,
Clauier (tu entens bien Clement)

Ie ſçay que tu ſçayz qu'elle eſt louſche,
Mais ie te veulx dire comment:
Elle l'eſt ſi horriblement,
Et de ſes yeux ſi mal ſ'acouſtre,
Qu'il vauldroit mieux, par mon ſerment,
Qu'elle feuſt aueugle tout oultre.

Huictain.

I'ay vne lettre entre toutes eſlite,
I'ayme vng païs, & ayme vne chanſon,
N eſt la lettre, en mon cœur bien eſcripte,
Et le païs eſt celuy d'Alençon.
La chanſon eſt (ſans en dire le ſon)
Alegez moy doulce plaiſant brunette.
Elle ſe chante à la vieille façon:
Mais c'eſt tout vng, la brunette eſt ieunette.

Dixain.

Vne dame du temps paſſé,
Vey n'agueres entretenuë,
D'vn vieil gentilhomme caſſé,
Qui auoit la barbe chenuë:
Alors la ſouhaytaſtes nuë
Entre ſes braz, mais puis quil tremble,

Et puis que morte elle reſemble,
Monſieur, ſi pitié vous remord,
Ne les faictes coucher enſemble,
De peur qu'ilz n'engendrent la Mort.

Du retour de Tallart a la Court.

Puis que voyons a la Court reuenuë
Tallard la fille, a nulle autre ſeconde,
Confeſſer fault par ſa ſeule venuë
Que les Eſpritz reuiennent en ce monde:
Car rien qu'Eſprit n'eſt la petite blonde.
Eſprit qui point aux autres ne reſſemble,
Veu que de peur, ſ'ilz reuiennent, on tremble.
Mais ceſtuy cy, n'eſpouente ne nuyt.
O eſprit donc, bon feroit ce me ſemble,
Auecques toy rabaſter toute nuict!

Huictain.

Plus ne ſuis ce que i'ay eſté,
Et ne le ſçaurois iamais eſtre.
Mon beau printemps, & mon eſté
On faict le ſault par le feneſtre.
Amour, tu as eſté mon maiſtre,

Ie t'ay seruy sur tous les Dieux.
O si ie pouois deux fois naistre
Comment ie te seruiroys mieux!

Responce au huictain precedent.

Ne menez plus tel desconfort,
Ieunes ans, sont petites pertes
Vostre eage est plus meur & plus fort,
Que ces ieunesses mal expertes.
Boutons serrez, Roses ouuertes,
Se passent trop legierement:
Mais du Rosier les fueilles vertes
Durent beaucoup plus longuement.

Sur le mesme propoz.

Pourquoy voulez vous tant durer,
Ou renaistre en florissant eage?
Pour aymer, & pour endurer,
Y trouuez vous tant d'auantage?
Certes celuy n'est pas bien sage
Qui quiert deux fois estre frappé,
Et veult repasser vng passage
Dont il est, a peine, eschappé.

A Anne.

Le cler Soleil par sa presence efface,
Et faict fuyr les tenebreuses nuictz.
Ainsi pour moy (Anne) deuant ta face
S'en vont fuyant mes langoureux ennuictz.
Quant ne te voy, tout ennuyé ie suis.
Quant ie te voy, ie suis bien d'autre sorte.
Dont vient cela? sauoir ie ne le puis,
Si n'est d'amour, Anne que ie te porte.

Dizain.

Malheureux suis, ou a malheureux maistre,
Qui tant de fois sur moy a desiré
Qu'aupres de luy sa Deesse peust estre,
Par qui long temps Amour la martyré.
Or elle y est. Mais ce Dieu a tiré
Dedans son cœur autre flesche nouuelle.
Mon maistre (helas) voyez chose cruelle:
Car d'vn costé vostre desir m'aduient.
De l'autre non. Car ie porte auec elle
Vng autre amy qui vostre place tient.

44

❧ Epitaphe de feu Madame de Maintenon.

Cy gist l'espouse au Mary venerable
Iehan Cotereau, seigneur de Maintenon:
Femme iadis prudente & honorable,
De nom Marie, & Thurin de surnom.
Qui de beaulté a bon droit eut renom,
Et de vertu, a la beaulté bien duyte,
L'vne par temps la laissé, l'autre non :
Car apres Mort, iusqu'au Ciel la conduicte.

❧ D'elle mesmes.

Cy gist qui fut de Maintenon la Dame,
Belle de corps, encor' plus belle d'ame,
Pour les haulx dons qu'elle eut du grant donneur.
Cy gist, qui fut exemplaire d'honneur
En ses beaux ans pour toute femme exquise,
Ayant beaulté desiree & requise.
Si que ses ans ieunes, tant decorez,
Rendirent fort ses vieux iours honorez.
Ainsi vesquit, ainsi mourut Marie,
Qui des Thurins ennoblit l'armoyrie.

❧ De la Fille de Vaugourt.

Vaugourt, parmy ſa domeſtique bende,
Voyant ſa fille Auguſtine, ia grande,
S'attendoit bien de bref vng Gendre auoir:
Et enfans d'elle aggreables a voyr:
Qui luy rendoient ſa vieilleſſe contente.
Or a perdu ſa fille, & ſon attente:
Et luy a prins la Mort par vng treſpas
Ce qu'il auoit, & ce qu'il n'auoit pas.

❧ Dizain au Roy, enuoyé de Sauoye.
1543.

Lors que la peur aux talons met des eſles,
L'homme ne ſçait ou ſ'en fuyr, ne courre:
Si en Enfer il ſçait quelques nouuelles
De ſa ſeurté, au fin font il ſe fourre:
Puis peu a peu ſa peur vient a eſcourre,
Ailleurs ſ'en va. Syre, i'ay faict ainſi:
Et vous requiers de permettre qu'icy
A ſeurté, ſeruice ie vous face.
Puny aſſez, ie ſeray en ſoucy
De plus ne voir voſtre Royalle face.

❧ A vng sien Amy. 1543.

Contemple vng peu, ie te prie, & regarde
Amy parfait, de bonne & belle garde,
Quelle vertu souueraine ont en elles
Nayuement, les Muses eternelles,
De nous auoir de vraye amour pourueuz,
L'vn enuers l'autre, ains que nous estre veuz :
De la doubler encor' apres la veuë
Et de l'auoir de telle foy pourueuë :
Qui franchement, & sans peur, t'ay ouuert
Le cœur de moy, tant fust clos & couuert :
Et toy a moy faict cognoistre par preuue,
Qu'amy plus franc au monde ne se treuue.
En verité si des seurs bien apprinses,
Nous n'eussions point les sciences comprinses,
Il est certain, aumoins est a penser,
Que nostre amour seroit a commancer.
Si qu'vn tel bien ne me fust aduenu
Et ne me tiens aux Muses moins tenu,
Dont elles m'ont vng tel amy gaigné,
Que de m'auoir en ma langue enseigné.
Que pleust a Dieu que l'occasion i'eusse,
Qu'aupres de toy vser mes iours ie peusse,
Loing de tumulte, & loing des plaisirs cours,
Qui sont en ces ambitieuses Cours.
Là me plairoit mieux qu'auec Princes viure.

Le Chien, l'Oyfeau, l'Efpinette, & le Liure,
Le deuifer, l'amour a vng befoing,
Et le Mafquer feroit tout noftre foing,
Auec le Boys d'hiftoires bien recors.
Et le Bouchet rond de cœur & de corps.
Auec Gruffy, & Chables, & Ramaffe,
Ieuneffe en qui vertu croift & f'amaffe.
Auec Genton, propre & loyal amant.
Et Marcouffe, vifaige d'Alement.
Auec Bourdeaux, qui a la bouche Frefche.
Candie auffi qui pas moins n'en depefche.
Et la Foreft faict de la riche taille.
Et fainct Caffin qui fut a la bataille.
Sans oublier Montigny ton aifné,
Qui pour efcrire en voftre langue eft né.
Sans oublier auffi Aiguebelette,
Qui faute en Chat, & grauit en Belette.
Et Rougemont qui d'or la barbe porte.
Et Lampignam qui l'a bien d'autre forte.
Auec Regart, & noftre bon Capris,
Qui d'inftrumens l'art a fi bien apris.
Finablement d'autres quinze fois fept,
Dont la plus part lettres & armes fcet.
Te iurant Dieu, que pas ie ne fauoye,
Que fi grant fruict produifift la Sauoye.
Que Dieu vous haulfe en fortune profpere.
Mes chers enfans, beuuez a voftre pere.

Et si Amour au dard bien affiné
Tire Parnaus vers vous, du Daulphiné:
Ie pry Bouchet, qui cognoist sa value
Que de ma part humblement le salue.

En telle troupe, & si plaisante vie,
A ton aduis, porterons nous enuie
A ceulx qu'on voit si haultement iucher,
Pour mieux apres lourdement trebucher?
Doué en biens, tel fut Cresus tenu,
Qui tout a coup vng Iob est deuenu.
Nostre voller qui hault ne bas ne tend,
De l'entre-deux seroit tousiours content.
Car cestuy la qui hault ne bas ne volle
Va seurement, & iamais ne s'affolle.
Au demourant: Quel arrest a Fortune?
Sinon l'arrest du Vent, ou de la Lune?
Tien toy certain qu'en l'homme tout perit
Fors seulement les biens de l'esperit.

Ne voy-tu pas, encore qu'on me voye
Priué des biens, & estatz que i'auoye,
Des vieulx amys, du païs, de leur chere,
De ceste Royne, & maistresse tant chere,
Qui m'a nourry, & si sans rien me rendre,
On m'ayt tollu tout ce qui se peut prendre?

Ce neantmoins par mont & par campaigne,
Le mien esprit me suyt & m'acompaigne :
Malgré fascheux i'en iouyz, & en vse,
Abandonné iamais ne m'a la Muse.
Aulcun n'a sçeu auoir puissance là,
Le Roy portoit mon bon droict en cela.
Et tant qu'ouy, & nenny se dira
Par l'vniuers, le monde me lira.
Toy donc aussi, qui as sauoir & peine
De la liqueur d'Helicon toute pleine,
Escry, & faictz, que mort la faulse lisse,
Rien que le corps de toy n'enseuelisse.

A Monsieur Pelisson, President de Sauoye. 1543.

EXcuse, las, President tresinsigne,
L'escrit de cil qui du faict est indigne :
Indigne est bien, quand il veult approcher,
L'honneur de cil qu'homme ne deust toucher.
Seroit ce point pour ton honneur blasmer,
Et le blasmant du tout le deprimer ?
Certes nenny. Car tout homme viuant,
Ne peult aller ton honneur denigrant.
C'est toy qui es le chef & Capitaine
De tous espritz : la chose est bien certaine.

d

Vng Ciceron, quand à l'art d'eloquence,
Pour d'vn chascun prendre beniuolence.
Vng Salomon, en iugemens parfaictz,
Plain de diuins, & de tous humains faictz.
Vng vray Cresus en biens & opulence,
Humble d'autant, & remply de clemence.
Vng ou le Roy s'est du tout reposé,
Pour le païs qu'en main luy à posé.
Regir du tout aussi le gouuerner,
Droict exercer, & le tout dominer.
Brief si i'auoys des langues plus de cent,
Et d'Apollo le sauoir tant decent,
Ie ne pourroys encor, bien satisfaire
A declarer l'honneur qu'on te deust faire.
Doncques de moy qui suis infime & bas,
Comment pourras appaiser les debatz?
Comment seront mes esperitz deliures,
Pour en ton nom publier quelques Liures?
Car mes escriptz, n'ont merité, sans faulte,
De paruenir à personne si haulte.
Quoy qu'il en soit, la doulceur des neuf Muses,
Qui en toy sont diuinement infuses,
M'ont donné cœur (euitant pour vng point
Prolixité) dire ce qui me poingt.

Las (cher Seigneur) depuys troys moys en ça,

De France ay prins mon chemin pardeça,
Pour voltiger & veoir nouueaux païs.
Mais à la fin mes sens tous esbahis
Si ont esté, & mesmes quand ma plume
De son plain vol a perdu la coustume.
Ie pensoys bien trouuer le cas semblable
Comme à Paris : mais mon cas estoit fable,
Ainsi que voy : car icy la practique
M'a bien monstré qu'elle estoit fort etcique.
Et seroys mis quasi en desespoir,
Si ce n'estoit que i'ay vng ferme espoir
Que Medecin seras en cest endroit,
Quand vng boyteux tu feras aller droit
Par recipez, en me disant ainsi :
Pourueu tu es : ne te bouge d'icy.

Si te supply (cher Seigneur) qu'il te plaise
D'oyr mes dictz, les lisant à ton aise :
Et me pouruoir de troys motz seulement,
Qui me pourront donner allegement.
En ce faisant ma plume s'enflera,
Et mon voller du tout s'augmentera,
Pour du vouloir, aussi de la puissance
Faire deuoir & deuë obeïssance,
Tant en quatrains, dixains, rondeaux, ballades
A cil qui rend la santé aux mallades.
Te suppliant de receuoir en gré,

d ii

L'escrit de cil qui n'a cy nul degré:
Et qui tousiours demoura depourueu,
Si de par toy en cela n'est pourueu.

A vng ieune Escolier docte,
griefuement malade.

Charles, mon filz, prenez courage,
Le beau temps vient apres l'orage,
Apres maladie santé.
Dieu à trop bien en vous planté,
Pour perdre ainsi son labourage.

Epistre en laquelle Margot,
Se lieue sur le maistre argot,
Pour tancer, comme vne insensée,
Le gros Hestor qui la laissée.

Mercy Dieu gentil pannetier,
A il fallu te nettier
Pour chose que ie t'ay donnée?
Ie ne me suis abandonnée
A d'aultres qu'a toy pour le faire.
Laquelle chose de cest affaire
Ie te promectz par la croix Dieu,

Sans me vanter en aulcun lieu,
Que i'en ay esté bien requise
De gens de Court, & gens d'Eglise.
Mais quand ilz me venoient guetter,
Et à ma porte mugueter,
Ie leur disoys en preude-femme :
Hay auant, vous faschez la dame.
Et s'ilz me tenoient long caquetz,
Ie repliquoys : Petitz muguetz,
Vous brauillonnez de cela :
C'est à l'autre huys, pissez plus la.
Et s'ilz tenoient rude façon,
Ie respondoys : Du son, du son
Monsieur du braue, Moigne moigne,
Voyre dea. Et quand à ma troigne
Lon venoit m'appeller ribaude :
Ie crioys par Monsieur sainct Claude,
Le bon sainct, dont i'ay faict les pas,
Vous mentez, ie ne le suis pas :
Effacez cela, ou l'ostez,
En mettant les mains aux costez,
Ie disoys en voix esclatante,
Il n'y en a qu'vn qui me hante.
A la chasse, & vous aduancez.
Ce n'est pas ce que vous pensez.
I'aymeroys mieux tumber en l'eau,

d iij

Ou sur la poincte d'vng cousteau,
Et perdre encores vng escu,
Que faire mon Amy coquu.
Ce corps, croix Dieu, ce corps, ce corps
C'est pour luy, dedans & dehors.
Allez, allez, Tara, tara,
Iamais homme n'y montera,
C'est celuy qui aux champs me meine,
Et qui me taille par sepmaine,
Ce qu'il me fault. Il m'a vestuë,
Et s'il m'a quelquesfois batuë,
C'est tout vng : Dieu me gard de mal,
Et de morsure de Cheual.

Or sus meschant, voy tu pas bien,
Comment ton honneur, & le mien,
I'ay bien gardé ? En fuz ie chiche ?
I'en suis bien maintenant plus riche ?
Mon honneur est bien accoustré .
En effect tu n'as pas monstré,
Villain que tu es, Gentil-homme,
Car i'eusse couru iusqu'a Rome
Pour te cercher, comme dit l'autre.
Et toutesfois ton corps se veaultre
Maintenant pres d'vne aultre fille.
Ne suis ie pas aussi gentille ?

Suis ie trop large, moy malheureuse!
T'ay-ie donné bosse chancreuse?
Autre mal, goutte, ne bouton?
Villain, tu en seras mouton,
Et t'en feray porter la corne :
Car sur le soir, & sur la sorne,
La croix Dieu, ie le feray tant,
Et tant, & tant, a vng chascun
Que tous les deux ne seront qu'vn.
I'y ay desia bien commancé.
Et quant i'ay bien par tout pensé,
Ie n'en puis mieux estre vengee.
A Dieu meschant, tu m'as laissee.

✿ Epigramme.

Si mon Seigneur, mon Prince, & plus que Pere,
Qui des François, F R A N C O Y S premier se nomme,
N'estoit point Roy de sa France prospere,
Ne Prince auec, mais simple Gentil-homme :
I'irois auant dix fois pardela Rome,
Que i'en suis loing, cercher son accoinctance,
Pour sa vertu, qui plus fort le couronne
Que sa fortune & Royalle prestance.
Mais souhaiter cas de telle importance,

Seroit vouloir mon bien particulier,
A luy dommage, & tort faict a la France,
Qui a befoing d'vn Roy tant fingulier.

     A vne malcontante , d'auoir efté fobrement
       louee : & fe plaignant non fobrement.

POur tous les biens qui font deçà la Mer,
   Ie ne vouldrois vous ny autre blafmer
    Contre raifon : en forte qu'on peuft dire,
Que ie me metz voluntiers à mefdire.

    Mais fi fault il que vous croyez auſſi,
Que ie n'ay pas tant befoing, Dieu mercy,
De voz faueurs, qu'on me fiſt confentir,
En vous louant, de flatter, ou mentir.

    Ie laiſſe a ceulx faire ceſte coruee,
Qui n'ont encor' nulle amye trouuee.
Et font contents de prendre tout en gré,
Pour en Amours auoir quelque degré.

    Ie laiſſe faire a ces Italiens,
Ou Efpaignolz , tombez en voz liens,
Qui difent plus qu'oncques ilz ne penferent ,
Pour auoir mieux encores qu'ilz n'efperent.

Car le plus lourd de telles nations
Entend assez voz inclinations.
Et sçauent bien que des païs estranges,
Il ne vient rien si peu cher que louanges.

Ceulx la diront, que les raiz de voz yeulx
Font deuenir le Soleil enuyeux :
Et que ce sont deux astres reluysans,
Tout leur bon heur & malheur produysans.

En vous voyant, ilz seront esbahis,
Comme Dieu mit tel bien en ce païs :
Et beniront l'an, le ciel, & l'idee,
D'ou telle grace en terre est procedee.

Ilz vous diront que d'vn ris seulement,
Vous eschauffez le plus froid element.
Et que les biens, dont Arabie est pleine,
N'approchent point de vostre douce alaine.

Ilz iureront que voz mains sont d'yuoire,
Et que la neige, au pris de vous, est noire.
Voz blanches dentz, ou plustost diamans,
Sont la prison des espritz des Amantz.
Et le coral ou elles sont encloses,
Pallit le tainct des plus vermeilles Roses.

De voz cheueulx, c'est moins que la raison,
De faire d'eux a l'or comparaison.

Ilz vous diront que vostre doulx langage,
Les cœurs humains aliene & engage :
Et que l'accueil de voz doulces manieres,
Peut appaiser Mars entre ses bannieres.

Si vous touschez Espinettes ou Lucs,
Vous appaisez les subiectz d'Eolus.
Et si l'aller par les champs vous delecte,
A chascun pas croist vne violette.

Brief, nostre Siecle, ou vous auez vescu,
A les passez par vous seule vaincu.
Et qui sauroit tant de fables redire,
Sans se fascher, ou sans mourir de rire ?
Ilz dient tant, que ie croy que le tiers,
En escriuant, faict rougir les papiers.

Or quant a moy, ie ne saurois auoir
Sens, ne loisir, d'apprendre ce sauoir.
Ne mon esprit est d'assez bonne marque
Pour suyure ainsi Iehan de Mun, ou Petrarque.

Ie diray bien, & ne mentiray point,
Que soubz les draps vous estes en bon point :
Et que peut estre, on voit mainte qui brague,
Qui beaucoup pres n'est point si bonne bague.

Mais de parler qu'estes chose diuine,
On me diroit, que ie songe, & deuine.
Car en ce corps faict de sucre & de miel,
Y a des cas trop peu dignes du Ciel.

Par ce qu'a l'exemplaire qui nous a esté baillé, n'y auoit autre chose, que ce qui est cy deuant : & qu'il restoit a nostre impression quelques fueilletz uuydes, nous y auons adiousté des œuures des mesmes Autheurs, les deux Epigrammes suyuantz.

IN PAVLAM. lib. 9. 6.

Nubere uis prisco, non miror Paula : sapisti.
Ducere te non uult Priscus : & ille sapit.

Catin veult espouser Martin,
C'est faict en tresfine femelle :
Martin ne veult point de Catin,
Ie le trouue aussi fin comme elle.

Verona docti syllabas amat uatis:
   Marone felix Mantua est:
Censetur Apona Liuio suo tellus,
   Stelláque, nec Flacco minus:
Apollodoro plaudit imbrifer Nilus:
   Nasone Peligni sonant:
Duósque Senecas, unicúmque Lucanum
   Facunda loquitur Corduba:
Gaudent iocosæ Canio suo Gades,
   Emerita Deciano meo.
Te Liciane gloriabitur nostra,
   Nec me tacebit Bilbilis.

     Des Poëtes Françoys, à Salel.

   De Iean de Meun s'enfle le cours de Loire,
En maistre Alain, Normandie prent gloire,
Et plaint encor' mon arbre paternel.

62

Octauian rend Cognac eternel.
De Moulinet, de Iean le Maire, & Georges,
Ceulx de Haynault chantent a pleines gorges.
Villon, Cretin, ont Paris decoré.
Les deux Grebans ont le Mans honoré.
Nantes la Brette, en Meschinot se baigne.
De Coquillart se siouyst la Champaigne.
Quercy, Salel, de toy se vantera,
Et (comme croy) de moy ne se taira.

F I N.

La Mort, n'y mord.

❧ Acheué d'Imprimer le xxvij. Septembre.
M. D. XLVII.   Par Iehan &
Enguilbert de Marnef freres, demourans
à Poictiers à l'Enseigne du Pelican.

Borbonii distichon,

Carmina quæ patrio scribit sermone Marotus
Viuent, dum uiuent & tua, magne Maro.

www.ingramcontent.com/pod-product-compliance
Lightning Source LLC
LaVergne TN
LVHW022121080426
835511LV00007B/952